¡Mi Maravillosa Abuela!

Escrito E Illustrado Por:

Lorena Chavez

¡Mi Maravillosa Madre!

Este libro está dedicado a una madre maravillosa que no tuvo la oportunidad de conocer a sus nietos. Tu memoria seguirá viva a través de estas páginas y las inumerables historias que compartimos todos los días. Gracias por todo su amor, compasión, paciencia y, sobre todo, su apoyo interminable que nos moldeó en lo que somos hoy.

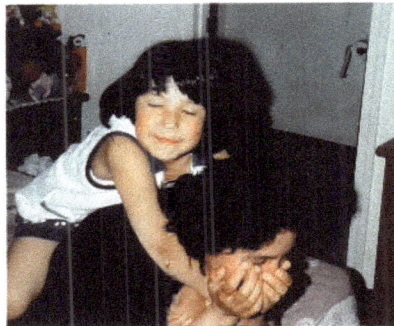

¡Mi abuela es fuerte!

¡Mi abuela es inteligente!

¡Mi abuela es artística!

¡M. Maravillosa Madre!

TE
Quiero

MAMA

¡Mi abuela es chistosa!

¡Mi abuela es hermosa!

¡Mi abuela es creativa!

¡Mi abuela es independiente!

¡Mi abuela es cariñosa!

¡Mi abuela es amable!

¡Mi abuela es trabajadora!

¡Mi abuela es una cocinera!

¡Mi abuela es realmente maravillosa!

¡Mi Maravillosa Abuela!

9 780578 933580